Inhalt

Beherbergungsgewerbe - die klassische Hotellerie wird beliebter

Kernthesen

Beitrag

Fallbeispiele

Zahlen und Fakten

Weiterführende Literatur

Impressum

Beherbergungsgewerbe - die klassische Hotellerie wird beliebter

Markus Hofstetter

Kernthesen

- Die klassische Hotellerie wird in Deutschland immer beliebter, der Anteil der Übernachtungen dieses Segments am gesamten Beherbergungsgewerbe hat in den vergangenen Jahren zugenommen.
- Mit Ausnahme des Krisenjahres 2009 hat die klassische Hotellerie seit 2004 eine durchgehend positive Umsatzentwicklung erzielt.
- Unternehmen wollen angesichts der gestiegenen Reisedauer vor allem bei den

Übernachtungskosten sparen.
- Hoteliers wollen den Eigenvertrieb ausbauen, um der Marktmacht von Buchungsportalen zu begegnen.

Beitrag

Die Zahl der Übernachtungen in Deutschland erreicht neuen Rekordwert

Das beliebteste Reiseziel der Deutschen lag auch 2012 wieder vor der Haustür. Rund 35 Prozent der längeren Reisen unternahmen die Bundesbürger Umfragen zufolge im Inland. Das am stärksten gefragte Auslandsreiseziel Spanien brachte es auf rund zehn Prozent. Auch bei den Städtereisen und anderen Kurzreisen rangierte Deutschland weit oben. Beliebteste Urlaubsregionen sind Bayern und Baden-Württemberg. Die höchsten Steigerungsraten verzeichneten die Städte Berlin und Hamburg.

Dementsprechend ist im Beherbergungsgewerbe 2012 die Zahl der Gästeübernachtungen gestiegen. Mit einem Plus von 3,6 Prozent wurde ein Rekordwert von 407,3 Millionen Übernachtungen erzielt. Auf deutsche Urlauber entfielen knapp 340 Millionen Übernachtungen. Besonders stark war die Zunahme der Aufenthalte ausländischer Gäste, deren Zahl der Übernachtungen um 8,1 Prozent kletterte. Den Löwenanteil der Übernachtungen hat die klassische Hotellerie mit 13 400 Betrieben auf sich vereinigt. Laut Statistischem Bundesamt stieg die Anzahl der Übernachtungen in diesem Segment um 4,1 Prozent auf 250,1 Millionen. 35,1 Prozent der Übernachtungen fängt die Parahotellerie mit Campingplätzen, Jugendherbergen, Ferienwohnungen und Erholungsheimen auf. Das sind insgesamt mehr als 18 000 Betriebe.

Die Ansprüche der Urlauber an ihre Unterkunft steigen. Entfielen 1999 etwa 49 Prozent der Übernachtungen auf Hotels, waren es 2011 mehr als 53 Prozent. Dafür verloren einfachere Unterkünfte wie Pensionen und Gasthöfe an Beliebtheit. Auch Ferienwohnungen und Campingplätze büßten Marktanteile ein. (1), (2), (3), (4), [Abb. 1]

Mehrwertsteuersenkung lässt Hotellerie investieren

2012 ist der Umsatz im gesamten Gastgewerbe laut

dem Deutschen Hotel- und Gaststättenverband e.V. (DEHOGA) nominal um 2,1 Prozent im Vergleich zum Vorjahr gestiegen. Real, also bereinigt um die Inflation, lag das Plus bei 0,2 Prozent. Die Hoteliers haben dabei besser abgeschnitten als die Gastronomen. So stiegen die Erlöse der klassischen Hotellerie 2012 nominal um 3,2 Prozent. Auch real blieb mit 1,5 Prozent noch ein deutliches Plus. Dagegen verzeichnete das Gaststättengewerbe nominal nur ein Umsatzwachstum um 1,2 Prozent, was real einem Minus von 0,8 Prozent entspricht. Damit hat die klassische Hotellerie seit 2004 nahezu durchgängig eine positive Umsatzentwicklung erzielt. Einzige Ausnahme ist das Krisenjahr 2009, als die Erlöse der Hoteliers um 7,1 Prozent einbrachen. Ähnliche Zahlen gibt es für das gesamte Beherbergungsgewerbe, also traditionelle und ergänzende Hotellerie, dessen Umsatz nominal um 3,1 Prozent und real um 1,4 Prozent stieg. Der Umsatz des Beherbergungsgewerbes belief sich auf 22,5 Milliarden Euro.

Zu einem etwas anderen Schluss kommen die Auswertungen des Hotelbenchmarks von STR Global, dem für Deutschland die Daten von rund 900 Hotels zugrunde liegen. Demnach betrug 2012 der Nettoumsatz der Hotellerie 20,7 Milliarden Euro gegenüber 18,6 Milliarden Euro im Vorjahr.

Die durchschnittliche Belegung lag bei 66,3 Prozent, was einem Plus von 2,2 Prozent entspricht. Der RevPar (Erlös pro verfügbarem Zimmer) wuchs um 5,6 Prozent auf 62 Euro. Die Nettozimmerpreise, ohne Frühstück und Mehrwertsteuer, stiegen um 3,3 Prozent auf 94 Euro. Sie liegen damit um fast zehn Prozent unter dem europäischen Durchschnittswert von 104 Euro.

Hotel-, Pensions- und Gasthofbetreiber hatten 2012 dank der Mehrwertsteuersenkung rund 825 Millionen Euro in Renovierungen, Modernisierungen und Neuanschaffungen investiert, um ein besseres Preis-Leistungs-Verhältnis zu erzielen. Trotz Überkapazitäten ist der Markt weiter auf Expansionskurs. Für die nächsten drei Jahre sind bundesweit 499 Neu-, Um- und Ausbauten mit rund 67 000 zusätzlichen Zimmern geplant. (5), (6), [Abb. 1]

Längere Geschäftsreisen treiben Übernachtungskosten in die Höhe

Laut der Geschäftsreiseanalyse 2013 des Verbands Deutsches Reisemanagement (VDR) haben die Reiseaktivitäten der hiesigen Wirtschaft an Schwung verloren haben. Demnach stieg die Zahl der Dienstfahrten 2012 im Vergleich zum Vorjahr nur um 1,4 Prozent auf mehr als 166 Millionen.

Einen deutlich stärkeren Anstieg gab es dagegen bei den Kosten. Insgesamt erhöhten sich bei den Unternehmen im vergangenen Jahr die Reiseausgaben um 4,3 Prozent auf 46,7 Milliarden Euro. Ein Grund hierfür war unter anderem die wieder leicht gestiegene Dauer der Reisen. So fiel der Anteil der Ein-Tages-Trips um mehr als sechs Prozentpunkte und machte nur noch knapp die Hälfte aller Dienstfahrten aus. Insbesondere die längeren Reisen trieben die Übernachtungskosten in die Höhe.

Dem Preistreiber Übernachtungskosten versuchen die Firmen mit dem sogenannten Downsizing gegenzusteuern. Die Firmen wandern verstärkt von höherwertigen Häusern in 3-Sterne-Hotels ab. 53 Prozent der von der VDR befragten Firmen lassen Mitarbeiter in der Mittelklasse nächtigen. Während Business-Gäste bisher vom 4- in den 3-Sterne-Bereich abgewandert sind, hat die Luxusklasse 2012 wieder Gäste zurückgewonnen. Der Anteil der Geschäftsreisenden, die in 5-Sterne-Herbergen übernachten, hat von drei Prozent in 2011 auf sechs Prozent in 2012 aufgeholt. Das scheint zunächst im Widerspruch zu stehen mit der aktuellen VDR-Aussage. Bei näherer Analyse zeigt sich aber, dass die Marktforscher lediglich die Dienstreiseverantwortlichen in deutschen

Großunternehmen mit mehr als 1 500 Mitarbeitern interviewt haben. Mittelständische Industrie, Handel und Dienstleistung, die bevorzugt Mittelklassehäuser buchen, kommen darin wenig vor. (7), (8), [Abb. 2], [Abb. 3]

Die 200 größten Einzelhotels wachsen stärker als der Gesamtmarkt

Laut der Allgemeine Hotel- und Gastronomie-Zeitung (AGHZ) haben die deutschen Top-200-Hotels, die überwiegend im 4- und 5-Sterne-Bereich angesiedelt sind, das Jahr 2012 mit einem durchschnittlichen Umsatzplus von 3,9 Prozent besser abgeschlossen als der Gesamtmarkt. Doch der Schein trügt, denn 2011 hatten noch 87,4 Prozent der Top 200 gegenüber dem Vorjahr Pluszahlen ausgewiesen, 2012 waren es nur noch 79,8 Prozent. Die Zahl derjenigen, die einen Umsatzrückgang verzeichneten, stieg von 11,1 auf rund 16,2 Prozent. Mit verantwortlich hierfür wird vor allem der wachsende Wettbewerb aus dem Budgetbereich gemacht.

Auch die Gewinnsituation der Betriebe ist uneinheitlich. Zwar bezeichneten nur noch zwei Prozent von ihnen ihre Gewinnsituation 2012 als schlecht, 2011 waren es noch drei Prozent. Dafür hatten 2011 noch 80,8 Prozent der Hoteliers ihre Gewinnsituation mit sehr gut oder gut angegeben, 2012 waren dies nur noch 78 Prozent.

Dennoch liegt vieles im grünen Bereich. Das Umsatzwachstum der Top 200 im Jahr 2012 war sowohl von leichten Steigerungen beim durchschnittlich erzielten Zimmerpreis als auch bei der Belegung getrieben. Während Letztere sich von 68,2 Prozent in 2011 leicht auf 68,8 Prozent in 2012 erhöhte, kletterte der Nettozimmerpreis von 137,05 Euro um knappe drei Prozent auf 141,13 Euro. Der durchschnittliche Umsatz pro Hotel bei den Top-200-Hotels wuchs um drei Prozent. 2011 hatte ein Top-200-Hotel im Schnitt 16,7 Millionen Euro umgesetzt, 2012 schon 17,2 Millionen Euro. Im Durchschnitt wiesen die Top-200-Hotels im Berichtsjahr 327 Zimmer auf.

Erneut wird das Ranking in diesem Jahr vom Hotel Bayerischer Hof in München angeführt. Bereits 2010 hatte das Luxushotel das Estrel Hotel in Berlin überholt. Der Abstand zwischen den beiden Häusern hat sich auch 2012 kaum verringert. Beide legten beim Umsatz zu, der Bayerische Hof um 6,6 Prozent auf 59,6 Millionen Euro, das Estrel sogar um 8,9 Prozent auf 53,9 Millionen Euro. Das Sheraton Frankfurt Hotel & Towers ist nach Schätzungen der

AHGZ-Marktforscher mit einem Umsatz von 50,8 Millionen Euro das drittstärkste Hotel auf der Rangliste.

Der Konferenzbereich könnte auch für den Tausch unter den Top 10 zwischen dem Adlon und dem Intercontinental in Berlin verantwortlich sein. Das Luxushotel am Brandenburger Tor schob sich mit einem Wachstum von 11,9 Prozent auf 49,9 Millionen Euro an seinem Mitbewerber im Westen vorbei und tauschte so mit ihm Rang fünf gegen vier. Intercontinental erhöhte den Umsatz nur um 2,9 Prozent auf 46,1 Millionen Euro. (9), (10)

Hoteliers können trotz Stärkung des Eigenvertriebs nicht auf Buchungsportale verzichten

Vor über einem Jahr hat das Buchungsportal HRS seine Provision von 13 auf 15 Prozent erhöht. Viele Hoteliers haben daraufhin angekündigt, ihren Direktvertrieb auszubauen, um weniger abhängig von dem Portal zu sein. Insgesamt hatte der Direktvertrieb in Deutschland 2012 einen Anteil von sieben Prozent.

Doch das ist ein langsamer und schwieriger Prozess.

Auch wenn sich die Anzahl der Direktbuchungen bei vielen erhöht hat, kann die Mehrheit der Hoteliers nicht auf die großen Portale verzichten. Das belegt eine Studie des Marktforschungsinstituts Business Target Group. Demnach haben 83,3 Prozent der befragten Hotels in 2012 Booking.com genutzt, 77,3 Prozent HRS.

Die Hoteliers, die die Zusammenarbeit mit HRS vorerst beendet haben, rufen eigene Portale ins Leben. mrhobs.de, auf dem Portal sind rund 80 Hotels gelistet, ist noch in der Testphase. Eine Buchungsmaske hat das Portal nicht, der buchende User wird direkt zum Hotel weitergeleitet. Das Portal soll noch mit Reiseblogs angereichert werden und Hoteliers ein Forum zum Austausch bieten. Einen ähnlichen Ansatz verfolgt die Firma NWI Hessen mit der Seite onlineimhotel.com. Dort sind rund zwanzig deutsche Hotels gelistet. Das Portal bietet einen direkten Link zur hoteleigenen Homepage und deren Buchungsmaske. Je nach Leistungspaket kostet die Teilnahme unter 30 bis maximal 200 Euro im Monat.

Im vergangenen Jahr sind auch zwei Projekte gestartet, die den marktbeherrschenden Portalen wie HRS mit einem größeren Budget Konkurrenz machen wollen. Roomkey wurden Anfang 2012 von sechs großen Hotelgruppen in den USA gegründet. Inzwischen haben sich auch einige andere Ketten und Kooperationen angeschlossen. Das zweite Projekt ist die HGK-Lösung Hotelnex. Es bietet ein Technikpaket mit Buchungsmaske für die Webseite des teilnehmenden Hotels, Anbindung an die Google Travel Ads und Channel Manager. Zudem soll das Portal hotelnex.de starten, bei dem HGK-Mitglieder pro Buchung fünf Prozent, Nichtmitglieder sechs Prozent Provision zahlen. (11), (12)

Fallbeispiele

Accor investiert in Eigenvertrieb

Der französische Hotelkonzern Accor will sich unabhängiger von Buchungsportalen und Online Travel Agencys (OTAs) machen. Dafür sollen bis 2016 jedes Jahr 30 Millionen Euro in den Eigenvertrieb investiert werden. Accor will die eigenen Vertriebskanäle soweit ausbauen, dass damit 50 Prozent der Internetbuchungen generiert werden können. (13)

Zahlen & Fakten

Abbildung 1: Seit drei Jahren im Plus

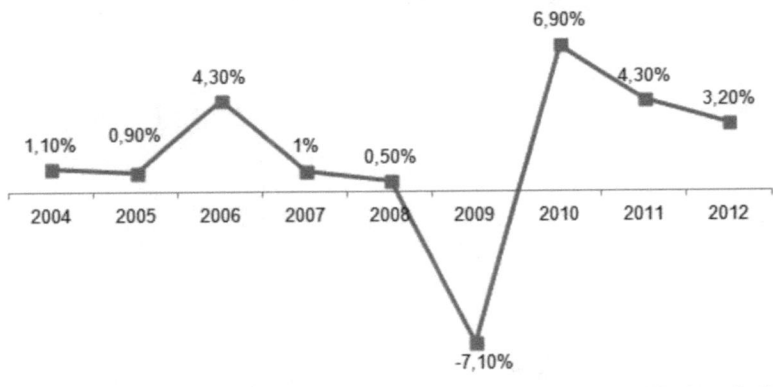

Quelle: Statistisches Bundesamt, DEGHOGA
Entnommen aus: Allgemeine Hotel- und
Gastronomie-Zeitung, 9/2013, S. 17, (5)

Abbildung 2: Hotel- und Flugausgaben fallen am meisten ins Gewicht

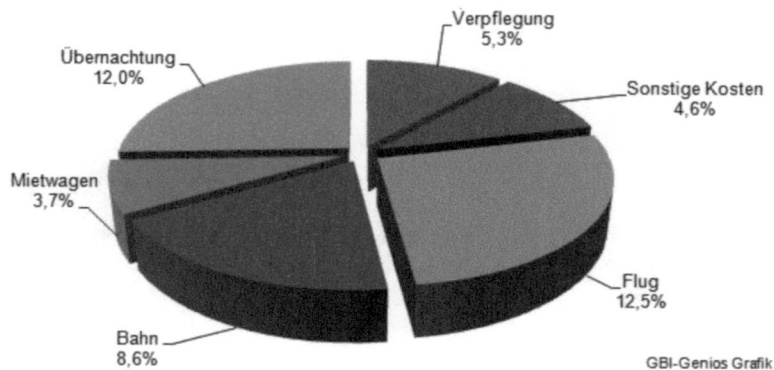

Quelle: VDR-Geschäftsreiseanalyse 2013 Entnommen aus: fvw, 13/2013, S. 48, (8)

Abbildung 3: Übernachtungen sollen günstiger werden

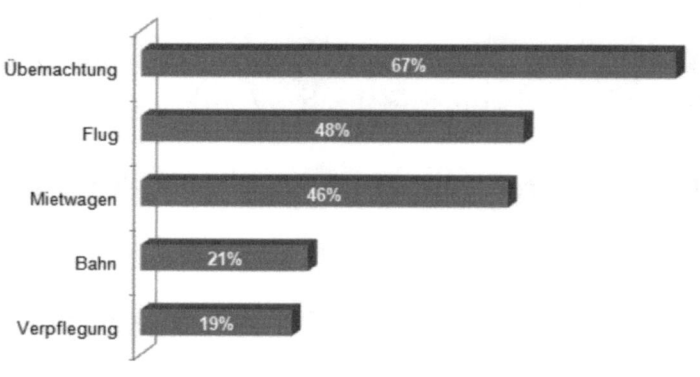

Quelle: VDR-Geschäftsreiseanalyse 2013 Entnommen aus: Allgemeine Hotel- und Gastronomie-Zeitung, 10/2013, S. 13, (7)

Weiterführende Literatur

(1) Deutschland profitiert von MwSt-Senkung aus Tourismuswirtschaft Austria & International Nr.2150/2013 vom 29.03.2013, Seite ALL hotel & gastronomie"Tourist Austria International" Nr. 2150/2013 vom 29.03.2013 Seite 9

(2) Deutsche sparen nicht an Reisen aus Allgemeine Hotel- und Gastronomie-Zeitung 03 vom 19.01.2013 Seite 003

(3) Mehr als 407 Millionen Übernachtungen aus manager-magazin.de vom 17.05.2013

(4) Untergebracht aus Frankfurter Allgemeine Zeitung, 27.06.2013, Nr. 146, S. R2

(5) Plus im Gastgewerbe aus Allgemeine Hotel- und Gastronomie-Zeitung 09 vom 02.03.2013 Seite 017

(6) Hotellerie im Höhenflug aus Allgemeine Hotel- und Gastronomie-Zeitung 12 vom 23.03.2013 Seite 002

(7) Business-Kunden sparen beim Hotel
aus Allgemeine Hotel- und Gastronomie-Zeitung 10
vom 09.03.2013 Seite 013

(8) Gedrosseltes Tempo
aus fvw Nr. 13 vom 21.06.2013 Seite 048

(9) Top 200 Hoteliers beißen sich durch
aus der hotelier - das ideenmagazin in der AHGZ 20
vom 18.05.2013 Seite 001 bis 006

(10) Top 200 in Stadt und Land
aus der hotelier - das ideenmagazin in der AHGZ 20
vom 18.05.2013 Seite 007 bis 009

(11) Mit weniger Klicks zur Buchung
aus Allgemeine Hotel- und Gastronomie-Zeitung 06
vom 09.02.2013 Seite 003

(12) Hoteliers starten eigene Portale
aus Allgemeine Hotel- und Gastronomie-Zeitung 07
vom 16.02.2013 Seite 005

(13) Accor investiert in Eigenvertrieb
aus Allgemeine Hotel- und Gastronomie-Zeitung 09
vom 02.03.2013 Seite 003

Impressum

Beherbergungsgewerbe - die klassische Hotellerie wird beliebter

Bibliografische Information der deutschen Nationalbibliothek

Die Deutsche Nationalbibliothek verzeichnet diese Publikation in der deutschen Nationalbibliografie; detaillierte bibliografische Daten sind im Internet über http://dnb.d-nb.de abrufbar.

ISBN: 978-3-7379-3011-6

© 2015 GBI-Genios Deutsche Wirtschaftsdatenbank GmbH, Freischützstraße 96, 81927 München, www.genios.de

Alle Rechte vorbehalten. Dieses Werk ist einschließlich aller seiner Teile – z.B. Texte, Tabellen und Grafiken - urheberrechtlich geschützt. Jede Verwertung außerhalb der Grenzen des Urheberrechtsgesetzes bedarf der vorherigen Zustimmung des Verlags. Dies gilt insbesondere auch für auszugsweise Nachdrucke, fotomechanische

Vervielfältigungen (Fotokopie/Mikroskopie), Übersetzungen, Auswertungen durch Datenbanken oder ähnliche Einrichtungen und die Einspeicherung und Verarbeitung in elektronischen Systemen.